MÉMOIRE

SUR LES MONUMENS INÉDITS

DE L'HISTOIRE

DU DROIT FRANÇAIS

AU MOYEN AGE.

MÉMOIRE

SUR

LES MONUMENS INÉDITS

DE L'HISTOIRE

DU DROIT FRANÇAIS

AU MOYEN AGE;

Présenté à M. Guizot, Ministre de l'Instruction publique,

PAR

HENRI KLIMRATH,

Docteur en Droit

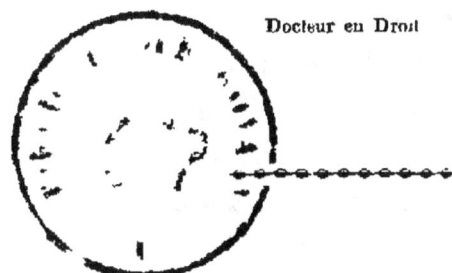

PARIS,

F. G. LEVRAULT, LIBRAIRE, rue de la Harpe, n.º 81.

STRASBOURG,

Même Maison, rue des Juifs, n 33

1835.

MÉMOIRE

SUR LES MONUMENS INÉDITS

DE

L'HISTOIRE DU DROIT FRANÇAIS

AU MOYEN AGE.

Au moyen âge la première et principale source
du Droit était la coutume. Par une contradiction
plus apparente que réelle, cette époque de vio-
lences et de guerres privées a eu, plus peut-être
qu'aucune autre, le respect des droits fondés sur
la possession et le long usage, et l'horreur de ce
qu'on appelait alors des *nouvelletés*. Un homme
avait-il été, pendant un temps suffisant, sans contradiction ni empêchement, en bonne possession
et saisine d'exercer de certains actes, leur exercice était regardé comme son droit. Une certaine
manière d'agir avait-elle été usée et accoutumée
de long-temps dans telle localité, entre une certaine classe de personnes, elle était désormais
considérée comme faisant loi.

Or, cette loi de la coutume ne s'établit point

1

à jour fixe par un acte spécial et positif : elle
naît insensiblement de la répétition des mêmes
faits; et ces faits se répètent, parce qu'ils répon-
dent à un besoin commun, parce qu'en eux s'ac-
cordent ou du moins transigent, de la manière
la plus simple et la plus équitable, des intérêts
contraires. Lorsqu'elle existe, on la peut constater ; on peut même expliquer en vertu de quelles
nécessités elle a dû naître : mais dire avec préci-
sion quand et comment elle est née, nul ne le
peut.

Cependant la coutume, non plus que la loi
écrite, ne peut devancer l'avenir, prévoir tous
les cas futurs, et les circonstances qui sans cesse
se modifient. Des rapports nouveaux réclament
des décisions nouvelles. Pour être bonnes, celles-ci
devront rester fidèles à l'esprit de la coutume,
tout en allant au-delà de ce qu'elle a formelle-
ment voulu.

D'un autre côté, la coutume existante peut
avoir à redouter les empiétemens d'intérêts puis-
sans et hostiles. Il peut donc être très-utile qu'elle
soit déclarée, reconnue, consentie et confirmée
au besoin.

De là, au moyen âge, diverses sources secon-
daires, mais fort importantes du Droit, ayant
pour objet de constater la coutume établie, ou
de suppléer à son insuffisance. Ces sources mé-

ritent d'autant plus d'attention que, consistant en des actes positifs de teneur et de date certaine, elles ont pu laisser plus aisément des traces de leur existence et de leur établissement.

Elles se réduisent à deux classes, selon qu'elles procèdent de l'autonomie, qui est le droit de ne recevoir de loi que de soi-même et de ses pairs, ou de la législation proprement dite, qui impose au sujet la loi du souverain.

A l'autonomie se rapportent : 1.º les jugemens, qui, au moyen âge, se faisaient à conjure d'hommes, par les pairs ou, tout au moins, par le conseil des pairs des parties. Dans les cours et assises, le point de droit était décidé en vertu de coutumes tenues et jugées notoires, et, à leur défaut, de coutumes établies à nouveau, soit que les jugeurs consultassent l'esprit général de la coutume, soit que, pour sortir d'embarras, on eût recours au combat judiciaire.[1]

2.º Les conventions volontaires, les transactions de gré à gré entre les parties intéressées, formaient une autre source du droit nouveau. Ici se rapportent les conventions de seigneur à vassal, ou de seigneur à sujet, lorsque les vieilles

---

[1] On connaît l'exemple fameux de la question de la représentation en ligne directe, décidée par champions en faveur des petits-fils contre leurs oncles. Wittichind, *Ann. Corb.*, l. II.

observances se trouvaient en défaut pour résoudre
des difficultés imprévues; puis les établissemens
faits par le roi de commun accord avec les hauts
barons, ou plus tard avec les états du royaume;
enfin les concordats conclus entre le pouvoir temporel et l'Église.

5.° Toute communauté, commune, corpora-
tion, université, chapitre, etc., avait le droit de
faire des établissemens obligatoires pour ses membres. Le *Livre* manuscrit *de Justice et de Plet*
donne de nombreux exemples d'établissemens ou
statuts de ce genre. Il est vrai que le roi les cassait
souvent comme *dommageux* au peuple, comme
contraires à ses droits ou à la loi divine; mais le
droit en lui-même, implicitement reconnu par
ces exemples, l'est encore d'une manière expresse
en ces mots : « Len n'a pas demande contre cels
qui fout establissement, fors li sires dou leu. Mes,
à requeste de bones genz, li sires a demande, et s'ele
est niée, li sires puet fere enquerre de sa autorité,
et par sa quete fere le amander.[1] » Ces statuts
que les membres d'une communauté pouvaient
se donner entre eux, sauf tous droits, sont donc
une troisième et dernière forme de l'autonomie
au moyen âge.

Quant à la législation proprement dite, elle

[1] Livre de Justice et de Plet, fol. 7, recto, col. 2.

était exercée tant par le pouvoir spirituel, d'où est né le Droit canon, que par les souverains de l'ordre temporel. Mais l'autorité législative de ces derniers était très-bornée encore et très-peu active. Outre les chartes de concession ou de confirmation de franchises et priviléges, qui n'étaient souvent que de véritables conventions, des traités synallagmatiques déguisés, elle comprenait les établissemens ou ordonnances que, depuis Philippe-Auguste et surtout depuis Saint-Louis, le roi s'arrogea de faire *pour le commun profit*, et ceux que, de tous temps, le roi et les hauts barons eurent le droit de faire pour leurs domaines.

L'écriture n'était nullement de l'essence de la plupart de ces sources du Droit français au moyen âge. Ainsi, les jugemens se prouvaient non par rôles, mais par record de cour, c'est-à-dire, par le témoignage oral des pairs ou hommes *qui furent au jugement faire*. Cependant, *quoniam memoria hominum est labilis*, pour me servir des expressions de Guillaume Du Breul, en son prologue de l'ancien stile du Parlement, il se trouva des clercs qui consignèrent par écrit, dans des actes séparés ou dans des recueils plus ou moins exacts, plus ou moins complets, les jugemens, conventions, statuts, chartes et ordonnances qui avaient le plus d'importance soit pour eux-mêmes, soit pour ceux dans l'intérêt de qui ils travaillaient.

De là ce fameux Recueil des *Olim*, rédigé au 13.ᵉ siècle par maître Jean de Montluc et par Godefroi, son successeur; de là cette masse prodigieuse de monumens judiciaires, contenus aux registres, copies et extraits de registres du parlement de Paris, de l'échiquier de Normandie, du parlement de Toulouse pour la Langue d'Oc, des grands jours de Troyes pour le comté de Champagne, de la cour de Châtelet pour la prévôté de Paris, etc.; de là enfin ces registres et chartulaires renfermant des documens politiques et civils de toute espèce, et que l'on conserve dans les bibliothèques et les archives sur tous les points du royaume.

Plus ils se rapprochent des temps modernes, plus ces recueils deviennent abondans et réguliers; plus, au contraire, ils s'en éloignent, plus la rareté des monumens et le besoin de porter, à l'aide de faits positifs, quelque lumière au milieu de l'obscurité de ces vieux siècles, donnent de prix aux moindres pièces qu'ils contiennent. À quelque époque qu'ils se rapportent, ils forment une classe importante des monumens *écrits* du Droit français.

C'est à cette source qu'ont puisé tant de jurisconsultes et de savans, qui jaloux, les uns, de

donner à leur doctrine la consécration des témoignages historiques, les autres, d'élever l'histoire nationale à la certitude des documens
officiels, ont publié, réunis ou épars, bon nombre des arrêts et jugemens, chartes et diplômes,
lettres royaux et ordonnances que nous a légués la
France féodale. Il s'en faut bien qu'aujourd'hui
même cette source de notre histoire et de notre
Droit soit épuisée ; et c'est avec raison que l'at-
tente du public instruit se promet d'importans
résultats du travail dont M. le Ministre de l'instruction publique vient de charger M. Augustin
Thierry.

Le mérite incontestable de cette première classe
des monumens écrits de l'histoire du Droit français, c'est d'abord leur caractère officiel; c'est ensuite qu'ils ne présentent pas des généralités plus
ou moins vagues, abstraites, douteuses; mais des
faits positifs et spéciaux, des applications pratiques pleines de réalité et de vie. Mais par une
compensation forcée, ces faits sont d'une part
innombrables, au point qu'on ne saurait jamais
en embrasser qu'une portion relativement très-
restreinte; d'autre part ils sont isolés, incohérens,
incomplets, au point de ne permettre d'en in-
duire des résultats généraux qu'avec une circon-
spection extrême.

C'est que l'histoire du Droit n'est possible qu'à

la condition de s'appuyer sur des monumens de nature très-diverse. S'il faut des documens particuliers et officiels pour vérifier la réalité des règles générales et connaître la manière dont elles passaient en acte, il faut aussi, et surtout, des exposés complets et méthodiques pour révéler l'esprit qui vivifie et le lien qui rattache entre eux tous les faits particuliers. Je vais rechercher les monumens de notre ancien Droit qui le présentent dans son ensemble, tel que l'avait fait la coutume modifiée ou complétée par l'autonomie et la législation.

Mais l'histoire de notre Droit présente deux élémens distincts, deux systèmes, et, jusqu'à un certain point, deux territoires, qu'il faut étudier séparément.

C'est une question célèbre de savoir si les coutumes gauloises, qui d'ailleurs nous sont à peu de chose près inconnues, ont été abolies par le Droit romain, ou se sont conservées malgré la domination romaine. Mais le but des conquêtes des Romains, c'était l'unité de l'empire, et non l'uniformité du Droit civil. *Vis imperii valet*, dit Tacite[1], *inania transmittuntur*. Toutefois, après qu'un grand nombre de Gaulois eurent obtenu le droit de cité; après que Caracalla l'eût accordé

---

1 *Ann.* XV, 31.

à tous les habitans de l'empire, le Droit romain
eut dans les Gaules l'autorité de la loi, bien
qu'en fait il pût être considérablement modifié
par les coutumes locales, à l'égard desquelles il
professait, comme on sait, la plus grande tolé-
rance.

Cet état de choses changea complétement par
suite de la conquête des Francs. Le Droit romain ne fut point aboli, sans doute : il n'aurait
pu l'être; mais, de dominant qu'il était, il devint toléré. S'il continua d'être obligatoire pour
les Gallo-Romains, ce fut par l'empire de l'ha-
bitude, par l'autorité de la coutume, et non par
la volonté du législateur. Ce changement devient
encore plus incontestable, lorsque les lois per-
sonnelles ont été remplacées par les lois territo-
riales. Car aucune loi n'avait rendu le Droit romain obligatoire pour tous les habitans du midi
de la France, quelle que fût leur origine. Enfin,
il ne faut pas oublier qu'aucune sanction législative n'a mis en vigueur en France la compilation de Justinien; et c'est cette compilation,
néanmoins, qui a promptement prévalu dans
l'usage.

Je n'ai point à m'occuper ici des causes qui
ont fait du Droit romain la coutume du midi
de la France, dans les pays dits de Droit écrit,
ni de celles ui ont valu à ses dispositions plus

ou moins d'autorité, suivant les temps et les lieux, même dans les pays appelés coutumiers par excellence. Ce qu'il m'importait de remarquer, c'est que, dans l'un et dans l'autre cas, cette autorité du Droit romain, tout Droit écrit qu'il était, n'a pu être que l'autorité de la coutume.

Ce n'était pas, en effet, le pur Droit romain, tel que nous le connaissons et le comprenons aujourd'hui, après une longue et savante étude de l'histoire romaine et du génie de l'antiquité. Les légistes des 12.e, 13.e et 14.e siècles ignoraient tout cela. Ils lisaient les textes du Corps de Droit à travers le prisme des mœurs et des idées de leur temps. De là d'étranges erreurs qui excitent, avec raison si l'on veut, la pitié des romanistes. Pour l'historien du Droit français ces erreurs sont des faits importans, dignes de la plus sérieuse étude; pour lui ces erreurs sont des vérités. Si le Droit romain eût été entendu dans son sens primitif, son autorité aurait été méconnue; mais, grâce à cette altération involontaire et candide, ses dispositions devenaient applicables.

En voici un exemple bien frappant. Jamais les dispositions rigoureuses du Droit romain, en fait de testamens et d'institution d'héritiers, n'ont pu pénétrer dans le Droit français; mais le Droit romain accordait de grandes facilités aux testamens des soldats. Dans les vieilles traductions françaises du Corps de Droit, le titre de *militari tes-tamento* est rendu par ces mots : « Des testamens aus chevaliers. » Or, tout ce qui était de quelque poids dans la société féodale, était chevalier. Ainsi les légistes se trouvaient à l'aise au milieu des prescriptions rigoureuses concernant les testamens ordinaires, qu'ils éludaient de la meilleure foi du monde. Et ce qui fut ignorance d'abord, devint subtilité et subterfuge dans la suite, si bien, qu'à la fin du 16.ᵉ siècle encore, Antoine Loisel pouvait dire que « les Français, *comme gens de guerre,* ont reçu divers patrimoines et plusieurs sortes d'héritiers d'une même personne. »

Souvent aussi les dérogations de la coutume aux dispositions écrites du Droit romain étaient si manifestes, qu'il fallait bien les avouer; alors les docteurs s'efforçaient de les expliquer, de les excuser du mieux qu'ils pouvaient.

Ce Droit romain du moyen âge, bien diffé-rent même du Droit romain déjà si altéré de Justinien, nous a été conservé en partie dans les chartes et statuts locaux du midi de la France, et d'une manière plus complète, dans les nom-breux ouvrages des légistes.

Dès le 11.ᵉ siècle, antérieurement à la réno-vation de l'étude du Droit par les glossateurs, le midi de la France avait produit un ouvrage sur le Droit romain que M. de Savigny a remis en lumière, et dont il semble qu'on n'a pas assez tiré parti jusqu'ici ; il est intitulé : *Petri exceptiones legum Romanorum.* Au 12.ᵉ siècle, les Italiens Placentin et Pillius enseignèrent à Montpellier, et écrivirent des ouvrages célèbres. Petrus Blesensis se distingua parmi les légistes français. Le 13.ᵉ siècle s'ouvre avec Azon, qui, bien qu'Italien, allègue fréquemment les coutumes de France ; puis viennent le Provençal Bernard Dorna, le Bourguignon Jean de Blanot, le Languedocien Nepveu de Montauban, et surtout le célèbre évêque de Mende, Guillaume Durand, dit le Spéculateur. Dès la fin de ce siècle et au commencement du siècle suivant, l'étude du Droit fut envahie par la scolastique. Nous eûmes alors Pierre de Belleperche ; Petrus Jacobi, d'Aurillac ; Eudes de Sens. Vers le milieu du 14.ᵉ siècle, Jean Faure écrivit ses commentaires, qui ont fait époque.

L'histoire littéraire de ces travaux sur le Droit romain a été écrite par M. de Savigny, de manière à dispenser pour jamais peut-être, ou du moins pour long-temps, de songer à y revenir. Il n'en est pas de même de l'histoire des modifications que les dispositions du Droit romain ont subies par la coutume ; mais si tout, sous ce rapport, est à faire, quant aux résultats à tirer du rapprochement et de la discussion des témoignages, tout est fait, ou peu s'en faut, quant à la publication des monumens où ces témoignages sont contenus.

Une chose avait grandement secondé les travaux des légistes sur le Droit romain : la préexistence d'un corps complet et méthodique, où les règles de ce Droit se trouvaient exposées dans le plus grand détail, et déduites avec une logique si admirable. Rien de semblable ne favorisa le développement scientifique des coutumes françaises. Ceux donc, qui s'appliquèrent à les rédiger dans des ouvrages spéciaux que nous appelons Pratiques ou Coutumiers, durent naturellement rattacher, plus ou moins, leur travail tant aux monumens du Droit romain qu'aux registres et recueils judiciaires ou autres. En effet, tous les coutumiers portent la trace de cette double tendance ; mais tous aussi diffèrent essentiellement de ces deux classes de monumens ; car, d'une part, le Droit français en fait le fond, en est l'objet principal, tandis qu'il ne vient que par exception et par accident dans les commentaires et sommes de Droit romain ; d'autre part, les coutumiers ne sont point destinés à enregistrer à la suite des actes isolés, mais à exposer le Droit ou quelque branche du Droit dans son ensemble.

Au reste, il est des coutumiers qui ont emprunté au Droit romain leur forme ; ordinaire-

ment aussi ils admettent un certain nombre de
ses dispositions et s'autorisent de ses textes, dont
ils intercalent même des traductions et des extraits plus ou moins étendus et diversement com-
binés.

Les uns embrassent tout l'ensemble du Droit
politique, civil, criminel, et même canonique;
les autres, au contraire, se bornent à une ou
plusieurs branches plus ou moins spéciales du
Droit.

Tantôt ils s'attachent plus au fond du Droit;
tantôt ils suivent davantage la marche de la
pratique judiciaire, et présentent les règles de
Droit à propos des règles de procédure.

Quelquefois l'auteur raconte, explique, com-
mente, discute; d'autres fois il imite le langage
du législateur.

Mais sous quelque forme qu'ils se présentent
et quoi qu'ils contiennent, les coutumiers ne
sont jamais des codes revêtus d'un caractère officiel, émanés d'un pouvoir législatif. Productions
purement privées, ouvrages rédigés par de simples particuliers, leur autorité résidait unique-
ment dans la conformité de leurs prescriptions
avec ce que chacun savait, par expérience, être
ou non la coutume de sa localité, pour gens de
son état, dans tel cas donné.

Aussi l'autorité d'un coutumier n'était-elle pas

limitée exclusivement à un certain ressort, à un territoire particulier. Comme il ne contenait point de dispositions absolues et impératives, mais de simples conseils, des solutions proposées aux juges et aux parties, qui les adoptaient ou les rejetaient suivant les cas, l'analogie profonde de toutes les coutumes françaises, et l'identité de leurs principes généraux, permettaient, moyennant un simple changement de noms, d'adapter à l'usage de plusieurs localités ce qui n'avait été destiné originairement qu'à une seule.

Par là s'explique aussi comment les auteurs de coutumiers pouvaient transcrire dans leurs ouvrages tant de dispositions empruntées au Droit romain, dont plusieurs s'harmonisaient mal, ce semble, avec les coutumes françaises, et, à coup sûr, étaient rarement pratiquées.

Aucun coutumier, je pense, n'est antérieur au 12.ᵉ siècle; ceux même qui remontent si haut, par une particularité digne de remarque, n'appartiennent point à la France elle-même, mais à des colonies françaises : ce sont les Coutumes anglo-normandes et les Assises de Jérusalem. C'est que la rédaction d'un coutumier était chose assez laborieuse, pour que, dans les premiers temps du moins, on ne l'entreprît pas sans besoin. Or, la coutume vivait ineffaçable dans la conscience de tous, chacun étant appelé, dans sa localité et dans sa classe, à rendre la justice à ses pairs. Mais lorsque la conquête transportait loin de la mère patrie une troupe de guerriers, qui pouvaient craindre, au milieu de la foule des vaincus, de laisser leurs coutumes s'altérer ou tomber dans l'oubli, il devenait urgent d'en assurer le maintien par des monumens moins fragiles que la mémoire des hommes.

Les plus anciens coutumiers de la France datent du 13.ᵉ siècle. Ce sont : le Conseil de Pierre de Fontaines [1] ; les Établissemens de Saint-Louis [2] ; les Coutumes de Beauvoisis par Beaumanoir [3] ; le Grand Coutumier de Normandie [4] ; la très-ancienne Coutume de Bretagne [5] ; les Coutumes de Champagne et Brie, attribuées au roi Thibaud [6]. Quant aux anciennes Constitutions du Châtelet [7], qui sont sans date, il faut vrai-

---

1 Vie de Saint-Louis par Joinville, édit. de Ducange, troisième partie.

2 Ordonnances des rois de France, t. I.ᵉʳ (par Laurière.) — Joinville, édition de Ducange, 3.ᵉ partie. — L'édition de Saint-Martin est une réimpression de celle de Laurière.

3 Les Coutumes de Beauvoisis et les Assises de Jérusalem , publiées par La Thaumassière.

4 Dans le Coutumier général de Bourdot de Richebourg, et séparément par Le Rouille.

5 Dans le Coutumier général.

6 Dans le Commentaire de Pithou sur la Coutume de Troyes, et dans le Coutumier général.

7 Dans les Notes de Laurière sur la Coutume de Paris.

semblablement les placer sur la limite du 13.º au 14.ᵉ siècle. Au 14.ᵉ appartiennent : l'ancien Coutumier d'Artois [1]; les Coutumes notoires [2], les Décisions de Jean Desmares [3]; l'ancien Stile du Parlement [4]; l'ancienne Coutume de Bourges. [5] Enfin, le Grand Coutumier de France, vulgairement dit de Charles VI [6]; la Somme rural de

---

1 Dans la seconde édition des Notes de Maillard sur la Coutume d'Artois, t. I.ᵉʳ

2 A la suite du Commentaire de Brodeau sur la Coutume de Paris, t. II.

3 A la suite des Coutumes notoires, dans Brodeau.

4 Dans les Œuvres de Dumoulin, t. II.

5 Dans les anciennes Coutumes de Berry et de Lorris, par La Thaumassière; et dans le Coutumier général.

6 Ce Coutumier ne se trouve dans aucune des bibliothèques publiques de Paris. Il y en a trois exemplaires gothiques à la bibliothèque de la Cour de cassation : deux in-4.º, dont l'un sans date (après 1512), l'autre de 1515; le troisième est in-8.º, de 1536. M. Taillandier en possède un quatrième exemplaire, également gothique, de 1536, mais in-4.º Enfin, M. Poncelet a l'exemplaire provenant de la bibliothèque de feu M. Henrion de Pensey; c'est l'édition de 1598, in-4.º, en bonnes lettres, donnée par Charondas et annotée par lui; elle est citée par Camus dans sa Bibliothèque. Ces cinq exemplaires, de cinq éditions différentes, sont les seuls que j'aie pu découvrir jusqu'ici. L'édition gothique sans date mentionne une première édition, qui n'a pas été retrouvée. Le Grand Coutumier se trouve enfin dans le manuscrit 9827, de la bibliothèque royale; et Charondas en possédait aussi un manuscrit, dont il a collationné les variantes. Tous ces

Jean Bouteiller [1], et la Pratique de Masuer [2], qui
est, à vrai dire, une ancienne Coutume d'Au-
vergne et du Bourbonnais, datent du commencement du 15.ᵉ siècle. [3]

Tels sont les coutumiers français publiés jusqu'à ce jour. Mais ces quinze monumens, qui
semblent inséparables et ne s'éclairent que par
leur rapprochement, il faut les chercher aujourd'hui tout au moins dans dix ouvrages ou
recueils différens, formant ensemble quinze volumes in-folio, plus quatre volumes de moindre

divers textes, tant imprimés que manuscrits, présentent entre
eux des différences notables.

1 Il y a eu plusieurs éditions de la Somme rural, entre
autres celle de 1621, donnée par Charondas. Cet ouvrage
est assez rare, mais beaucoup moins que le précédent.

2 Il y en a eu plusieurs éditions latines depuis la première,
qui est de 1529; Fontanon en a donné une traduction fran-
çaise. Je ne m'explique point comment M. Dupin, dans ses
Notices, a pu faire vivre Masuer dans la seconde moitié du
16.ᵉ siècle. Masuer dit lui-même (tit. 28, S. 7) qu'il était
neveu de feu son seigneur et oncle, Pierre Masuer, profes-
seur en droit à Orléans, et depuis évêque d'Arras. Or, ce
Pierre Masuer mourut en 1391. *Gallia christiana*, t. III,
col. 340.

3 On pourrait ajouter à ces Coutumiers celui de Poitou,
dont une édition gothique, sans date, a paru sur la fin du
15.ᵉ siècle, par conséquent avant la rédaction officielle, et
l'ancienne Coutume de Laon-Vermandois, insérée au Coutumier général.

format, sans compter qu'il en est dans ce nombre de plus ou moins rares.

Dans cet état de choses, par suite duquel l'ensemble des sources n'est accessible qu'à un nombre très-limité de personnes, je me suis convaincu qu'il n'y avait point d'avenir pour l'histoire du Droit français, tant que nous ne posséderions pas un corps complet des coutumiers du moyen âge, faisant suite aux lois barbares, comme les Ordonnances font suite aux Capitulaires, et venant aboutir au Coutumier général, qui est le recueil des Coutumes rédigées officiellement au 16.ᵉ siècle.

Une telle entreprise ne saurait être ni légèrement résolue ni brusquement exécutée ; peut-être même semblera-t-il étrange qu'on puisse seulement en concevoir l'idée. Mais l'histoire du Droit français est à ce prix. C'est par les coutumiers seuls que s'expliquent, d'un côté, les lois barbares, qui en contenaient le germe ; de l'autre, les coutumes officielles, qui en sont un débris. Or, il est vulgaire que l'esprit général et bon nombre des dispositions des coutumes ont passé dans les codes qui nous régissent. Voilà pourquoi il m'a semblé qu'il y aurait peut-être quelque utilité à entreprendre les travaux préparatoires dont dépend, dans un avenir plus ou moins rapproché, la réalisation du plan qui m'a séduit.

En effet, le fait seul de la réunion des coutumiers dans un même corps, quels qu'en fus-
sent les avantages, ne serait qu'une œuvre inin-
telligente, une conception indigne d'un esprit
scientifique.

Plusieurs de ces coutumiers ont été publiés sur
un petit nombre de manuscrits, quelquefois sur
un manuscrit unique; leur texte appelle une
révision, qui, à l'aide de la collation des manuscrits et des lumières d'une saine critique,
remplirait les lacunes et ferait disparaître des
incorrections qui souvent obscurcissent le sens
ou altèrent la pensée.

Il n'y a pas d'exemple plus frappant de la
nécessité d'une telle révision, que le Conseil de
Pierre de Fontaines.

Plusieurs autres coutumiers ont été publiés
sous une forme qui donne l'idée la plus inexacte
de leur véritable caractère.

Ceci s'applique entre autres à la Pratique de
Masuer, dont il existe à la bibliothèque royale
deux manuscrits français du 15.ᵉ siècle (n.ᵒˢ 9387
et 9388). Tout ce qu'il y a, dans les éditions latines, de tournures traînantes et embarrassées,
de citations de lois romaines et d'opinions des
docteurs, manque dans ces manuscrits, ou s'y
trouve relégué dans une glose marginale latine.
L'inspection seule de ces manuscrits fait naître

invinciblement la pensée que, par le fait des copistes, la glose aura passé dans le texte. Elle l'a altéré au point de changer un naïf coutumier en l'ouvrage indigeste et confus d'un pédant.

Ce n'est pas tout : non-seulement les coutumiers publiés jusqu'à ce jour, sont souvent incorrects et plus ou moins mutilés; ils laissent dans l'histoire de notre Droit, pour diverses époques et pour diverses provinces, des lacunes qu'il serait important de pouvoir remplir. Or, elles peuvent l'être, rien n'est plus certain.

L'auteur anonyme du Grand Coutumier dit, l'avoir « prins et assemblé dès long-temps sur plusieurs autres livres et opinions des sages praticiens. » Quand il ne le dirait pas, on le devrait conclure de la forme même de son ouvrage, diversement bigarré de fragmens français et latins, qui ne sauraient être tous sortis de la même plume. Une des sources où il a puisé, nous est connue par quelques extraits intéressans qu'en a donnés Chopin[1], qui en possédait le manuscrit; c'est un livre de pratique inédit, intitulé : Pour montrer et apprendre à ung chascun quel ordre de procéder est en cour laie par la coustume

---

1 Chopin, sur Anjou, I, 1, 2, 6, 8, 15, 39, 40; sur Paris, I, 2, S. 26, 29. Conf. Charondas, Pandectes françaises, l. I, ch. 2, *in fine*.

notoirement gardée par droit au Chastelet de
Paris.

Les jurisconsultes des 16.ᵉ et 17.ᵉ siècles ont
de plus fait usage avec grand succès des coutumiers manuscrits suivans : le Livre de la reine
Blanche, la Pratique de Guido, les Estatu dou
royaume de France, l'ancienne Coutume glosée
d'Anjou suivant les rubriques du Code (de
1386), etc.

Pourquoi désespérerait-on de retrouver ces
ouvrages? Il serait étonnant que toutes les copies
en eussent péri sans laisser de trace. Pour le Livre de la reine Blanche, l'espérance s'est même
déjà changée en certitude : il y en a deux manuscrits à la bibliothèque royale.

Parmi les manuscrits de cette même bibliothèque on trouve en outre : le Livre de Justice
et de Plet; d'anciennes Coutumes de Picardie;
d'anciennes Coutumes de Reims, etc.

Je renvoie ce que j'aurais à dire de ces divers
coutumiers aux notices qui accompagnent ce
mémoire ; mais je dois ajouter une réflexion
bien simple : non-seulement les manuscrits de
Droit conservés à bibliothèque royale, sont loin
d'avoir été tous explorés ; mais on ne saurait
douter que les diverses bibliothèques et archives
de Paris et des départemens ne renferment de
nombreux monumens inédits de notre ancien

Droit, soit général, soit local, qui mériteraient
d'être tirés de l'oubli dont bientôt, peut-être, il
ne sera plus possible de les sauver. Les tradi-
tions vont se perdant de jour en jour, et jusqu'ici de fortes études d'histoire du Droit ne
les remplacent pas encore.

Lorsque, dans toutes ses autres branches, la
science historique, avec l'art d'écrire l'histoire, a
été renouvelée d'une manière si heureuse et si bril-
lante; lorsque d'immenses recherches pour l'ex-
ploration de notre histoire nationale se pour-
suivent sous les auspices et sous la direction d'un
ministre que ses travaux scientifiques appelle-
raient à y présider quand ses hautes fonctions ne
lui en feraient pas un devoir, j'ai cru que quelques recherches sur l'histoire du Droit français
et ses monumens inédits, pourraient offrir quelque intérêt, et obtenir l'approbation des hommes
instruits. Sans doute, les résultats auxquels je suis
parvenu sont infiniment peu de chose auprès de
tout ce qui resterait à faire. Mon désir est qu'ils
ne soient considérés que comme un indice de ce
qu'on pourrait justement se promettre de travaux
continués sur une plus grande échelle.

NOTICES.

I.

Notice sur le Livre de la Reine Blanche et ses divers remaniemens.

Un de nos grands jurisconsultes du 16.ᵉ siècle, qu'on laisse tomber dans l'oubli ou dont on ne parle plus guère que comme du Dieu inconnu, Charondas, au premier livre de ses Pandectes françaises [1], faisant l'énumération de nos anciens coutumiers, s'exprime ainsi :

« Je commencerai à Guido, duquel j'ai le livre écrit a « la main, qui étoit, du temps de Philippes I.ᵉʳ roi de « France, doyen de Saint-Quentin en Vermandois, et « depuis a été évêque de Beauvais. Son livre est sans « titre ; mais il est composé en vieil françois, et il dit « avoir été le premier qui ait écrit en françois des loix « et coutumes de France, en ces termes : *Por que nus* « *nen prist devant moy onques ceste chose dont je aye* « *essamplaire.*

« Du temps du Roy Loys IX, justement appelé saint, « Pierre Fontaine, maître des requêtes de son hôtel, a « écrit un livre intitulé : *Li Livres la Reigne*, et enseigne « droit à faire et à tenir justice très espéciaument.

« J'ai vu un autre livre, fait, du temps du même roi,

_____

[1] Ch. 2 *in fine.*

« pour le roi Philippes son fils, et en furent les auteurs
« Messire Pierre, et Messire Clément de Tours, et Messire
« Robert le Norman, et Messire Hue de Paris. »

A ces trois ouvrages cités par Charondas, il semble
qu'il faille ajouter le *Conseil que Pierre de Fontaines donna*
à son amy. En effet, Ducange, qui a publié ce Conseil,
le distingue expressément du *Livre la Reine*, attribué par
Charondas au même auteur. La Thaumassière[1] et Maillard[2], les auteurs de la Bibliothèque des Coutumes[3] et
ceux de l'Histoire littéraire de la France[4], distinguent de
même le Conseil du Livre de la reine Blanche.

Toutefois ces divers auteurs ne connaissaient point par
eux-mêmes le Livre de la reine Blanche. Ducange lui-même
n'en parle que d'après Chopin, Pithou et Galland. C'est
donc à ces auteurs qu'il faut recourir.

Chopin[5] donne des extraits assez nombreux et assez
étendus d'un livre manuscrit composé par Pierre de
Fontaines, qu'il qualifie d'ancienne jurisprudence fran-
çaise, et qui, selon lui, est intitulé : *Cist livres est appellez*
li Livres la Reigne, et enseigne droit à faire et justice à
tenir très espéciaument. Presque tous ces passages (treize
sur quinze) se retrouvent textuellement dans le Conseil

---

1 Notes sur Beaumanoir.

2 Maillard, Notes sur la Coutume d'Artois.

3 Berroyer et Laurière, p. 52

4 T. XVI, p. 91.

5 *De sacra politia*, l. III, tit. 4, n.º 15. — *De domanio*, l. I,
tit. 10, §. 9. — *In consuet. paris.*, II, 3, §. 1. — *In consuet. And.*
Proleg., II, 6; III, 3. — *Ibid.*, l. I, art. 9, 15, 24, 31, 65, 75;
l. III, c. 1, tit. 4, §. 6; tit. 5, §. 7, c. 2, tit. 1, §. 1; c. 3, tit. 2, §. 1

publié par Ducange, et je n'oserais affirmer que les autres ne s'y trouvassent pas de même.

Il y a dans Galland[1] six petits extraits d'un livre qu'il
intitule : *Li Livre de la Reine Blanche.* J'en ai vérifié trois
dans le Conseil.

Enfin, Pithou[2] cite des dispositions relatives au parage,
et il les prend « ès anciens establissemens françois qui se
« trouvent insérés au livre qui porte le nom de la Royne
« Blanche (duquel, ajoute-t-il, est auteur Pierre de Fon-
« taines, dont le sire de Joinville fait mention en ses
« Mémoires). » Il m'a été impossible de rien trouver dans
le Conseil publié par Ducange, qui ait quelque analogie
avec ces dispositions ; elles semblent, au contraire, une
combinaison de divers chapitres des Établissemens de
Saint-Louis.[3]

Que conclure de ces autorités diverses? Que le Conseil
de Pierre de Fontaines et le Livre de la reine Blanche
sont identiques? Mais le passage cité par Pithou s'y
oppose. Que ce nom de *Livre de la reine Blanche* était
employé pour désigner tantôt le Conseil, tantôt un autre
ouvrage auquel Pithou aurait emprunté sa citation?
Cette conclusion n'est pas inadmissible, et j'y reviendrai
plus bas ; mais elle semble moins naturelle que cette autre à laquelle je m'arrête : le Livre la Reine comprenait
le Conseil de Pierre de Fontaines, mais était plus ample.

---

1 Traité du franc-aleu, p. 88, 90. (Paris, 1637, in-4.º)

2 Le premier livre des Mémoires des comtes héréditaires de Champagne et de Brie. (*In opp.* Paris, 1609, in-4.º, p. 507.)

3 Etablissemens, l. I, ch. 43, 22, 44, 72.

Voici de nouveaux indices qui viennent à l'appui de cette hypothèse, et peuvent servir à la préciser davantage.

Les auteurs cités par Ducange ne sont pas les seuls qui aient parlé du Livre la Reine. Julien Brodeau, dans son Commentaire sur la Coutume de Paris, allègue fréquemment le *Livre à la Royne Blanche*, dédié, dit-il, à la mère de Saint-Louis, peu de temps après le règne de Philippe-Auguste, et dont Pierre de Fontaines est l'auteur[1]. Le témoignage de Brodeau confirme pleinement l'hypothèse que j'ai cru pouvoir admettre.

En effet, il cite quatre livres à la Royne Blanche[2], et le Conseil n'en forme qu'un.

Il dit que Pierre de Fontaines a mis par écrit les coutumes et usages de France, et notamment du pays de Vermandois, duquel il était originaire, et de celui de Normandie. Bourdot de Richebourg, dans une note sur l'ancien Grand Coutumier de Normandie[3], dit de son côté que la troisième partie du *Livre à la Royne*, qui est un ancien manuscrit dont Messire Pierre de Fontaines est auteur, comprend les droits et établissemens du duché de Normandie. Or, Brodeau cite trois fois le troisième livre à la Royne[4], et ces trois citations se rapportent parfaitement au Grand Coutumier de Normandie.

Les extraits que Brodeau a donnés du premier livre[5] se retrouvent presque tous dans le Conseil publié par

---

1 Brodeau, t. I, p. 124, 630; t. II, p. 7.

2 *Idem*, t. I, p. 5, 124; t. II, p. 7.

3 Coutumier général, t. IV, p. 1

4 Brodeau, t. I, p. 124, 333, 423.

5 *Idem*, t. I, p. 5, 8, 22, 122, 138, 222; t. II, p. 7, 121, 151, 463

Ducange : il diffère seulement sur le numéro des chapitres ; ce qui s'explique aisément par la manière dont les rubriques s'écrivaient dans les manuscrits.

Il semble donc prouvé que le Livre à la reine Blanche comprenait, au premier livre, le Conseil de Pierre de Fontaines ; au troisième, le Grand Coutumier de Normandie. Restent les deuxième et quatrième livres, que, d'après quelques mots de Brodeau [1], on peut conjecturer avoir contenu, en tout ou en partie, des textes du Droit romain traduits en français.

Enfin, Brodeau ajoute cette remarque importante, que le manuscrit dont il s'est servi existe à la bibliothèque du roi. [2]

Mon premier soin fut de retrouver ce manuscrit. C'est le manuscrit 9822.

Ce manuscrit est en effet intitulé : le Livre la Roine ; il est divisé en quatre parties : la première contient le Conseil de Pierre de Fontaines, avec une division en chapitres qui correspond exactement aux numéros et aux rubriques donnés par Brodeau ; la troisième partie est le Grand Coutumier de Normandie ; les deuxième et quatrième se composent de textes traduits du Droit romain. L'identité n'est donc pas douteuse.

Le manuscrit est du 13.e siècle, écrit sur vélin, en belle gothique, à deux colonnes, et forme un volume petit in-folio, relié en cuir rouge, aux armes de France, avec le chiffre du roi Charles IX.

---

[1] T. II, p. 7.
[2] Brodeau, t. I, p. 22, 423.

Au premier feuillet est une miniature représentant une reine assise, derrière laquelle se tient un chevalier ; devant elle, un homme à genoux, suivi de quatre autres, lui présente un livre. Au-dessous on lit cette rubrique :
« Ci commence li livres des usages et des coutumes de
« france et de vermandois selonc court laic . et fu fez por
« une roine de france très gentil et très noble . et le fist
« à sa requeste li plus sages hons qui à son tans vesquist
« selonc les lois . et por ce est il apelez li livre la roine. »

Immédiatement après viennent le prologue et les autres chapitres du Conseil ; mais le prologue étant sans rubrique autre que celle que je viens de transcrire, le nom de l'auteur ne se trouve qu'au chapitre suivant, en ces termes : « Ci commence li consculz que messire pierres
« de fonteinnes donne à son ami. »

Le texte de ce manuscrit est plus correct que l'édition de Ducange, et présente des variantes importantes.

A la fin du Conseil (fol. 51 recto) on lit : « Ci fine li premers livres la roine. »

Le second livre commence, après une lacune (fol. 53 recto), et sans titre, par une table des matières remarquable :

« Por ce que l'en puist tost trover ce que l'en querra
« en cest livre. ceste page enseigne en lisant des quiex
« choses cil qui fist cest livre traita . et met et enseigne
« en ordre toutes les rebriches de chascun livre.
« Ci commencent li tytre del .ij. livre la roine.
« Ci commence li livre la roine .ij. »

Et plus bas :
« Ci commencent li tytre del quart livre. »

Immédiatement après la table (fol. 53 verso) on lit :
« Ci commence li seconz livres la roine; » et puis, titre
pour titre, tout ce qui est annoncé dans la table commé
faisant partie de ce second livre; et enfin (fol. 94 verso) :
« Cest la fin du second livre. »

En examinant ce second livre, on voit qu'il contient
une traduction du troisième livre des Institutes de Justinien, dans l'ordre des titres de ce troisième livre, mais
en en sautant quelques-uns, et en intercalant, soit sous
les mêmes rubriques, soit sous des rubriques séparées,
la traduction des parties correspondantes du Digeste.

Il est même vraisemblable que, dans la table ci-dessus,
il y avait primitivement : « del *tiers* livre », et « li livre la
« roine .iij. »; car le chiffre est gratté aux deux endroits,
et rétabli après coup avec une encre plus pâle : alors aussi
s'explique pourquoi l'on arrive subitement au *quart* livre.

La partie qui succède au second livre porte en haut
des pages le numéro du troisième livre, mais forme un
tout nouvel ouvrage. Au haut du folio 95 recto il y a
une miniature représentant un prince qui rend la justice;
au-dessous, un espace blanc, que le copiste avait sans
doute réservé pour y mettre le titre, et puis immédiatement la préface : « Por ce que nostre entencion est à
« esclairer en ceste oevre au mielz que nous porrons les
« droitz et les establissemens de Normendie, etc. »

J'ai déjà dit que c'est l'ancien Grand Coutumier de
Normandie, imprimé plusieurs fois. Il finit au folio 140
recto, sans que rien indique que ce soit en effet la fin
de l'ouvrage.

Reste la quatrième partie. Elle commence au folio 141

recto, plus brusquement encore que les deux précédentes :
« Cist tytres parole de ce qui est fet ô celui qui est en
« autrui pooste. »

Ce titre est le quinzième de ceux qui, dans la table du
folio 53, sont attribués au *quart livre*. Il est donc évident
qu'il y a une lacune de quatorze titres. Au reste tous ces
titres de la quatrième partie, soit ceux qui ne sont qu'in-
diqués dans la table, soit ceux qui, à partir du quinzième,
se trouvent aussi dans le corps de l'ouvrage, reproduisent
une combinaison toute semblable à celle que j'ai déjà
remarquée pour le second livre. Le quatrième livre des
Institutes a servi de base, et un grand nombre de titres
du Digeste ont été intercalés. Le dernier titre des Institutes (*de publicis judiciis*) manque dans la table du folio
53, et la rubrique ne s'en trouve pas non plus dans le
corps de l'ouvrage, où il est néanmoins traité, sur la fin,
« des communs jugemens. » Mais l'ouvrage, ou du moins
la copie, est inachevé : il s'arrête au milieu d'une phrase ;
après quoi : « Explicit le livre la roine. »

Ces détails, que j'ai cru indispensable de donner sur
cet intéressant manuscrit, font naître presque autant de
doutes qu'ils en résolvent.

Je cherchai donc s'il n'y aurait pas à la bibliothèque
royale d'autres manuscrits du Livre la Reine. J'examinai
les divers manuscrits qui s'y trouvent du Conseil de Pierre
de Fontaines. Voici en peu de mots le résultat de mes
recherches.

Le manuscrit 7450,[33] écrit sur vélin, à deux colonnes,
et qui paraît être du 14.ᵉ siècle, porte au dos le titre
d'*Ordonnances des batailles*. Les premiers feuillets, en

effet, qui semblent avoir fait partie d'un ouvrage ou d'un recueil dont ils auraient été séparés depuis, contiennent, sans titre, des dispositions sur les gages de batailles ; puis le concordat ou paix faite entre le roi de France et l'évêque de Paris, sur les limites des deux juridictions.

Ce n'est qu'au verso du troisième feuillet qu'on lit cette rubrique, au haut de la première colonne : « Ci « commence uns livres de droit qui est appelez li livres « la roine blanche . et enseigne cest livres droit à fere et « à justice à tenir. » Titre qui se rapproche beaucoup de celui donné par Chopin et Charondas.

Immédiatement après, et sans nouvelle rubrique, vient le second prologue ou chapitre 2 du Conseil de Pierre de Fontaines, tel que Ducange l'a publié. Le reste du même Conseil, à partir du chapitre 3, se retrouve également dans ce manuscrit ; mais il présente cette particularité, qu'entre les chapitres 2 et 3 se trouvent intercalés divers titres tirés du premier livre (tit. 1, 2, 3, 6, 8) des Institutes, et du titre 3, livre 1 du Digeste ; le tout dans une combinaison semblable à celle des deuxième et quatrième parties du manuscrit 9822.

Dans ce manuscrit 7450,[33] le Livre la Reine finit avec le Conseil, sans qu'il y ait ni clause finale, ni livres subséquens.

Il y a encore à la Bibliothèque royale trois autres manuscrits du Conseil de Pierre de Fontaines : ils offrent des variantes intéressantes, mais sans rien ajouter d'essentiellement différent, et ne portent point le nom de la reine Blanche. Je suis néanmoins obligé de m'y arrêter un instant ; car l'un d'eux laisse entrevoir une solution à toutes les incertitudes, qui jusqu'ici n'ont semblé qu'augmenter avec chaque nouvelle découverte.

Le manuscrit 7426 est sans titre.

Au manuscrit 406 (supplément) on lit cette rubrique en tête de la table des matières : « Ci sunt li grant droit le « roy général en toutes contrées seur tous cas qui puent « avenir. » Et dans le prologue il est dit que ce sont « les « us et les coustumes de france, de champagne, de ver- « mandois, et d'autres cours laies. »

Enfin le manuscrit 432 (Harlay) est intitulé : « Ci « commence li livres des lois en françois selonc les usages « et les coustumes de france, que messire pierres de fon- « taines fist pour son ami le roy phelippe de france, par « l'amonnestement au roy loys son père, et bien est pro- « fitables à tous juges pourvoir. » La même chose est ré- pétée à la fin de l'ouvrage avec les changemens néces- saires et quelques légères variantes.

Le prologue est en général conforme à celui que Du- cange a publié; on y remarque toutefois (§. 2) des diffé- rences intéressantes : « Entendant m'avez fait plusieurs « fois, que vous avez un fill, qui moult bien se doutrine « de bones meurs et de ferme créance, que vous espérez « que il après vous tiengne vostre RÈGNE; pour ce si vor- « riez que il s'estudiast ès lois et ès coustumes des pais et en « usage de court laie EN CE TEMPS MEISMEMENT QUE ARMES SONT « SOUSPENDUES, si que quant il tendra terre, il sache droit « fere à ses sougis, et retenir sa terre selonc les lois et « selonc les coustumes du pais, et ses amis conseillier « quant mestier en sera. Et de ce m'avez vous requis et re- « querez que je face un escrit selonc les us et les coustumes

« *de vermandois et de champaigne* et de toutes côurs laies. »

Ainsi, sans quitter Pierre de Fontaines, ce manuscrit nous fait passer du Livre de la reine Blanche à cet autre livre dont parle Charondas, et qui avait été composé du temps de Saint-Louis pour le roi Philippe, son fils, par Messire Pierre, et Messire Clément de Tours, et Messire Robert le Norman, et Messire Hue de Paris. Car Messire Pierre, c'est, je n'en fais aucun doute, Pierre de Fontaines, l'auteur du Conseil; et voici l'explication qui me paraît la plus naturelle.

Lorsque le Droit romain, renouvelé en Italie, commença d'être en vogue en France, un auteur inconnu rédigea un livre « selonc les lois,» pour me servir des termes du manuscrit 9822, c'est-à-dire selon le Droit romain; « et fu fez por une roine de france très gentil et « très noble; et le fist à sa requeste li plus sages hons qui « à son tans vesquist. » C'est le *Livre la Reine.*

Les Instituts en faisaient le fond; il avait quatre livres: des titres et fragmens du Digeste y étaient entremêlés. Il en est resté des traces dans ce qui est intercalé entre les chapitres 2 et 3 du Conseil de Pierre de Fontaines, au manuscrit 7450,[33] et dans les deuxième et quatrième parties du manuscrit 9822.

Cependant Saint-Louis voulut, *en un temps mêmement qu'armes étaient suspendues,* faire instruire son fils et successeur, Philippe-le-Hardi, des lois et coutumes suivant lesquelles il aurait un jour à gouverner son royaume. A cet effet il s'adressa à un de ses principaux légistes, Messire Pierre de Fontaines, maître des requêtes de son hôtel, et le chargea de rédiger les usages et coutumes de

France et de Vermandois. Il y avait trop d'analogie entre les coutumes de ces deux grandes divisions du domaine de la couronne, pour qu'il y eût lieu de rédiger pour elles deux coutumiers séparés.

Mais la Normandie était jalouse de ses coutumes particulières. Messire Robert le Normand fut chargé de les rédiger. Les coutumiers anglo-normands, qui existaient déjà, facilitèrent sa tâche.

Quant à Pierre de Fontaines, il mêle les coutumes françaises aux dispositions du Droit romain, mais fait un choix entre celles-ci, ne donnant que celles qui lui paraissent applicables, et ayant soin d'observer en quoi *notre usage* s'y accorde ou en diffère. Dans les premiers chapitres il semble s'attacher au Digeste ; mais bientôt, depuis le chapitre 11 jusqu'à la fin, il suit manifestement l'ordre du Code (l. II et III), auquel il fait de nombreux emprunts.

Il paraît que Pierre de Fontaines ne put terminer son œuvre. Cela semble résulter de ces mots, qui se trouvaient à la fin du manuscrit d'Amiens publié par Ducange : « Che fenist le Livre que Messires Pierre de Fontaines « fist. Cank'il en fist onques, sunt chi dedans escrit. » Cela semble résulter encore de cette circonstance que, dans deux manuscrits de la bibliothèque royale (7450,[33] et 406 suppl.), après le dernier passage publié par Ducange, et qui est une traduction de la loi 1.re au Code *de rei vindicatione*, il y a encore les premiers mots d'une traduction inachevée de la loi suivante.

Ceux qui avaient été adjoints ou qui furent substitués à de Fontaines et à Robert le Normand, Clément de Tours et Huë de Paris, ou n'importe quel autre légiste, complétèrent l'ouvrage en réunissant le Conseil et le Grand Coutumier de Normandie au Livre de la reine Blanche. De là sont nées les combinaisons des manuscrits 9822 et 7450,[33].

Mais pourquoi fit-on du troisième livre des Institutes la deuxième partie du manuscrit 9822? Peut-être parce que, le Conseil de Pierre de Fontaines finissant avec les testamens, c'est-à-dire avec ce qui se trouve à la fin du deuxième livre des Institutes, on évita le double emploi en faisant suivre immédiatement les successions *ab intestat*, par lesquelles le troisième livre des Institutes commence. Le quatrième livre conserva sa place, et le Coutumier de Normandie, intercalé, devint la troisième partie.

Peu à peu les deux ouvrages se confondirent, et de là l'incertitude de leur titre. Il était naturel, du reste, que le Conseil de Pierre de Fontaines sur les usages de France et de Vermandois, et le Grand Coutumier de Normandie, publié sans nom d'auteur, mais que je conjecture être de Messire Robert le Normand, se conservassent séparément et se répandissent davantage : ils avaient un tout autre intérêt que quelques compilations du Droit romain.

Ces conjectures sur les Livres de la reine Blanche et du roi Philippe peuvent sembler hardies : on peut penser qu'il y a bien plus de lieu de faire de nouvelles recherches que de se hâter de conclure; mais c'est là précisément le but de ce travail, de faire entrevoir, par les résultats de recherches fort incomplètes encore, l'intérêt que leur continuation pourrait offrir.

Je ne finirai pas toutefois sur ce point, sans rapporter un témoignage fort respectable, car il est très-ancien.

On lit au *Livre* manuscrit *de Justice et de Plet* (fol. 21, recto col. 2, verso col. 1) ce passage vraiment curieux :

« Li rois phelippe et la reine blanche dit : Tuit li flueve,
« tuit port abaupron (*l.* à peu près ?) sont communes.
« § Blanche dit : li huages (*l.* usages) des rivages est
« communes par le droit de gent, si cum li fluves, et i
« puet l'en sa nef ariver, et ses cordes lier as arbres qui
« (i) sont nef (*l.* nés), et sechier sa rais, et destrober
« sa nef, et mettre à terre sèche. Chascun puet ce fere,
« ausint comme il puet mener son chalant por (*l.* par)
« le flueve. § Mes cil qui ont dessus lor teneucres, il ont
« seignorie, et por ce sont li arbre lor qui messent (*l.* i
« nessent) ou rivage. » — Cela est pris mot pour mot des
lois IV, §. 1, et V, pr. D. *de divis. rer. et qual.*, et confirme l'hypothèse d'une compilation de Droit romain,
répandue dès le 14.ᵉ siècle sous les noms de la reine
Blanche et du roi Philippe.

Le même manuscrit contient en outre les passages
suivans : « Blanche dit que, ausit com ceaus que l'en a
« deffié sus la mer est privé, ausit ce que la mer souprent
« est commun » (fol. 21 verso, col. 2). — « Blanche dit :
« qui n'est dignes de petite digneté n'est pas digne de la
« grant » (*ib.*). — « B. dit : l'en donra jugement contre aus
« (les hosteliers, taverniers et nautonniers responsables
« des effets des voyageurs); et de ce ne puet nestre bataille,
« mes preve par léaus témoinz » (fol. 40 recto, col. 2).

Les remaniemens d'ouvrages en crédit étaient fréquens
au moyen âge : c'étaient comme de nouvelles éditions,
revues, corrigées et augmentées, quelquefois abrégées et
altérées, soit par le fait d'un auteur postérieur, soit par
celui d'un simple copiste.

Le Livre de la reine Blanche et du roi Philippe a eu l'honneur de plusieurs remaniemens de ce genre.

Les dispositions que Pithou cite comme d'anciens établissemens français insérés au livre qui porte le nom de la Royne Blanche, sont tirées sans doute d'un remaniement de ce livre ; car elles ne peuvent avoir fait partie ni du Conseil de Pierre de Fontaines, ni du Grand Coutumier de Normandie, et encore moins d'une traduction de textes du Droit romain.

Un autre remaniement fort important serait le Livre de Guido, connu par une centaine de citations et d'extraits qu'en donne Charondas, qui l'avait en manuscrit. Mais il importe de rectifier l'idée que Charondas lui-même se faisait de ce livre.

D'après le passage transcrit au commencement de cette notice, il semblerait que rien ne soit plus positif que l'époque à laquelle Guido a vécu, et plus facile à connaître que tout ce qui concerne sa personne. Puisqu'il était, du temps de Philippe I.er, doyen de Saint-Quentin en Vermandois, et depuis a été évêque de Beauvais, il n'y a qu'à ouvrir la *Gallia christiana* pour y trouver sa biographie. Malheureusement elle ne dit pas le moindre mot qui puisse faire reconnaître en Guido, évêque de Beauvais, l'auteur d'un livre de pratique judiciaire. C'est d'ailleurs un fait difficile à admettre, que l'existence d'un ouvrage en français, vulgaire du temps de Philippe I.er.

On se demande alors d'où Charondas savait si bien toutes ces circonstances, et l'on s'aperçoit bientôt que ce n'était de sa part qu'une pure conjecture.

« J'ai, dit-il ailleurs[1], un vieil praticien écrit à la main,
« qui étoit du temps de Philippes I.er ou Philippes II, car
« il est très ancien, et porte à la première page que Guido
« en est l'auteur : il y avoit du règne de Philippes I.er un
« Guido qui auroit été doyen de Saint-Quentin en Ver-
« mandois, et depuis évêque de Beauvais. » Mais Guido
ou Guy était un nom fort commun alors, et l'on ne voit
point pourquoi Charondas a choisi l'évêque de Beauvais
plutôt que tout autre. Dans un autre endroit[2] il dit que
son vieil praticien était du temps de Philippe-Auguste
ou de Louis VIII, père de Saint-Louis.

Ce qu'il y a de positif, c'est que Charondas avait le
manuscrit d'une vieille pratique sans titre, écrite en vieux
français, et portant à la première page qu'un certain
Guido en était l'auteur.

Dans ce manuscrit se lisait cette phrase, dont Charondas infère la grande ancienneté du livre : « por que nus
« n'en prist davant moy onques ceste chose, dont je aye
« essamplaire. » Or, cette même phrase est aussi dans le
prologue du Conseil de Pierre de Fontaines[3]. Plusieurs
autres passages extraits par Charondas[4] se trouvent de
même dans le Conseil.

1 Annotations sur la Somme rural, édit. de 1621, p. 556, note a.

2 Somme rural, p. 243, note m

3 Dans l'édition de Ducange il y a seulement : « pour ce ke nus n'en-
« prist onques mais devant moi ceste cose dont j'ai »; ce qui n'est guère
intelligible : mais tous les manuscrits que j'ai collationnés ajoutent le mot
essentiel essamplaire.

4 Annotations sur le Grand Coutumier, édit. de 1598, p. 99, 300,
333, 336. — Idem sur la Somme rural, p. 142, 462, 513, 556, 883.

Voilà sur quoi je me fonde pour affirmer que la Pratique de Guido est un remaniement du Livre de la reine Blanche.

La preuve que la Pratique de Guido n'est pas identique avec ce livre, c'est d'abord que quelques extraits donnés par Charondas se retrouvent textuellement dans les Établissemens de Saint-Louis[1]; c'est ensuite que, d'après Charondas[2], Guido parle fréquemment du parloir aux bourgeois, mentionne le privilége du scel du Châtelet, le privilége des bourgeois de Paris pour les criées des maisons ruineuses, l'établissement du roi Philippe accordant aux Parisiens roturiers la garde bourgeoise de leurs enfans mineurs, etc. : toutes choses qui sont étrangères aux diverses parties dont se composait le Livre de la reine Blanche, et que je crois appartenir incontestablement à une époque postérieure.

Duboulay, dans son Histoire de l'université de Paris[3], dit avoir vu un traité sur la manière de rendre la justice, dédié à Philippe-Auguste et écrit en français, qui se trouvait dans la bibliothèque du médecin Mentel. Cette indication de Duboulay a été reproduite dans l'Histoire littéraire de la France[4], sans aucun renseignement ultérieur. Resterait à savoir si la dédicace à Philippe II n'est pas une pure supposition de Duboulay ou une mention peu

---

1 Charondas, sur le Grand Coutumier, p. 167, 534. — *Idem* sur la Somme rural, p. 546, 866. (Établissemens, l. I, ch. 125, 90, 97, 47.)

2 Grand Coutumier, p. 352, 95, 169, 276.

3 T. II, p. 518.

4 T. XV, p. 314.

authentique. Peut-être cette Pratique était-elle celle de
Guido, ou bien était-ce le livre dédié à Philippe III?
Quoi qu'il en soit, je n'ai pu jusqu'ici retrouver ni la
Pratique de Guido, ni l'anonyme de Duboulay.

Mais je dois parler d'un autre anonyme qui remania et
amplifia le Conseil de Pierre de Fontaines d'après les Coutumes d'Artois, comme Guido paraît l'avoir fait en y
ajoutant les coutumes particulières de Paris. Ce Coutumier d'Artois a été publié par Maillard, dans la seconde
édition de ses Notes sur la coutume de cette province,
sur un manuscrit de la bibliothèque royale (1250, Col-
bert; aujourd'hui 9822,³ *A*). Il y en a un second manuscrit (9822,³), plus récent, qui présente un certain
nombre de variantes. Comme ce monument intéressant
de l'histoire de notre Droit, relégué dans un in-folio
qu'on ne consulte plus guère, semble y être resté à peu
près inconnu des historiens et dédaigné des jurisconsultes, je me flatte qu'on ne regardera pas comme un hors-
d'œuvre inutile ce que j'en vais dire pour compléter cette
Notice. En voici le titre :

« Cis livres parole des Coustumes et des usages d'Ar-
« toys en la manière que on en soloit user, et que on
« en deveroit, selonc ce que on soloit user anchienne-
« ment. Mais il est orendroit qui les dépèce de jour en
« jour : et si sont ces coustumes en partie acordées as
« lois et selonc droit escript. Et en a mis chis qui les
« traita en cest livre de chacun un peu quant à enformer
« un sien fil, par quoi il peust et seust aidier aucun sien
« ami, se requis en estoit, et pour ce que il fust plus
« clervéans et mieus retenans en autre sience et ens ès

« paroles des sages homes dou pais. Dont li title de cest
« livre sont escrit ou commenchement, etc. »

Le prologue reproduit, sauf quelques retranchemens,
quelques additions et quelques transpositions, les deux
premiers chapitres du Conseil de Pierre de Fontaines,
dont le nom cependant ne s'y trouve point ; mais la
phrase où l'auteur déclare être le premier qui ait écrit
un ouvrage de ce genre, a été, comme dans Guido,
scrupuleusement reproduite.

L'ouvrage se compose de cinquante-quatre chapitres,
tirés en partie du Conseil de Pierre de Fontaines, en
partie des Établissemens de Saint-Louis, en partie des
textes du Droit romain (du Livre la Reine?), mais prin-
cipalement de l'expérience propre et pratique de l'auteur,
qui rapporte fréquemment ce qu'il vit « en la court le
« Conte à Arras, » ou « en la court le Roi à Dorlens, » ou
dans d'autres tribunaux de la province.

Alors même qu'il copie Pierre de Fontaines ou les
Établissemens, l'auteur de ce coutumier y ajoute presque
toujours quelque détail explicatif, soit une définition,
soit un exemple. C'est ainsi qu'il formule positivement
ce qu'on est disposé à inférer des chapitres des Établissemens relatifs à la justice du baron (haute ou grande
justice) et à celle du vavasseur (voyère, voirie, justice
vicomtière, moyenne justice). « Li bers, dit-il[1], si a toutes
« justices en sa terre; » et plus bas[2] : « Chi gentieus hom
« qui n'a haute justice en sa terre si est apelés vavaseres. »

[1] Ch 11, §. 23.
[2] Ch. 13, §. 1

Ces définitions sont importantes; car elles servent à constater les rapides progrès de la puissance royale. Du temps
de l'auteur, celui-là était censé tenir en baronnie et être
souverain, qui avait *toute justice en sa terre.* Un siècle
plus tard on reconnaissait à peine encore comme barons
ceux qui avaient *haute justice en ressort.* Témoin le Grand
Coutumier (l. II, ch. 27) : « *Nota* qu'au royaume de France
« ne souloit avoir que trois Baronnies, c'est à sçavoir
« Bourbon, Coucy et Beaujeu ; toutefois Montpellier est
« baronnie, et fut par acquisition qu'elle vint au Roy :
« et veulent dire aucuns que tout homme qui a haute
« justice en ressort se peut nommer baron.» Or, il est
bien différent d'avoir simplement toute justice en sa terre
et d'avoir haute justice en ressort. En effet, « il ne suffit
« pas de dire, j'ai toute justice, par ce, j'ai ressort : car
« la conséquence n'est pas vraie.[1] »

Quant au Droit privé, ce Coutumier d'Artois est surtout intéressant par une exposition complète des formalités de la tradition judiciaire des immeubles et de ses
effets; formalités et effets autrefois généralement admis,
mais qui ne se sont conservés plus tard que dans les
coutumes dites *de saisine* et *de nantissement.*

Un des nombreux exemples que l'auteur raconte avec
plus ou moins de détails, est d'autant plus important,
qu'il sert à fixer l'époque précise à laquelle appartient ce
monument de notre ancien Droit. Il feint que son « biaus
très dous fieus » lui demande ce qui, selon la Coutume
d'Artois, est meuble et chatel, et ce qui est héritage[2] :

[1] Grand Coutumier, l. IV, ch. 5
[2] Ch. 40, §§ 13, 14.

« Je t'i respondrai, dit-il, selonc ce que je vi. Il fu
« debas et plais meus en la court le roy entre le conte
« d'Artois et le conte de Clermont, qui demandoient à
« avoir moitié li uns à l'autre des moebles et des chateus
« qui demouré leur estoient et eskeu de le mort Medame
« de Bourbonnois, que Messire d'Artois eut à fenme ; et
« li cuens de Clermont avoit le fille qui hoirs estoit de
« Bourbonnois : et demandoient ces chateus et ces moe-
« bles par les coustumes des païs. Dont auditeur de par
« le roy furent envoiiet à Arras por savoir par le coustume
« d'Artoys, que chose estoient moeble et chatel, et quel
« chose estoit hiritages. »

L'on voit qu'il s'agit ici de Robert II, comte d'Artois,
qui avait épousé en secondes noces Agnès, dame de Bourbon, et de Robert de France, comte de Clermont en Beauvoisis, sixième fils de Saint-Louis, marié à Béatrix, fille
du premier lit et héritière d'Agnès. Agnès mourut en
1283 : le procès dont il s'agit est donc postérieur à cette
date. D'un autre côté, le comte d'Artois mourut en 1302 :
donc le procès est antérieur. On voit que l'auteur, con-
temporain de ces événemens, a dû écrire sur la fin du
13.e siècle ou au commencement du siècle suivant.

Plusieurs autres faits historiques relatés dans ce coutumier concourent à en fixer l'époque aux environs de l'an
1300. C'est ce que Maillard a fort bien établi dans une
lettre insérée en 1735 au Mercure de France.

II.

Notice sur les Estatu dou Royaume de France et sur le Livre de Justice et de Plet.

C'est un fait désormais avéré que le pouvoir législatif des rois était extrêmement limité au moyen âge. Ce pouvoir eût-il été plus étendu, l'empire de la coutume en rendait l'exercice à peu près inutile pour les questions de Droit civil.

Aussi fallut-il toute la préoccupation où les jurisconsultes et les historiens des deux derniers siècles étaient de la prérogative royale, et de l'activité législative en matière civile sous Louis XIV et Louis XV, pour faire envisager les Établissemens de Saint-Louis comme le code officiel des ordonnances et institutions de ce prince. Nos grands jurisconsultes du 16.ᵉ siècle ne s'y trompaient point : témoins Chopin et Charondas, qui appellent les Établissemens un vieux livre sans nom d'auteur, le livre d'un ancien praticien français, une ancienne coutume de France; et Montesquieu incline à partager leur opinion.

Dans ces temps où le respect des textes était immense et la critique à peu près impossible, le nom du saint roi, sous le patronage duquel l'anonyme qui les composa plaça son œuvre, valut aux Établissemens une grande faveur, et les fit respecter des copistes un peu plus que les autres coutumiers de l'époque. De là vient qu'il reste des Établissemens un assez grand nombre de manuscrits parfaitement concordans entre eux.

Il ne paraît pas néanmoins qu'ils aient échappé tout-à-fait à la destinée commune; eux aussi subirent quelques remaniemens. En effet, La Thaumassière en possédait un manuscrit qui devait présenter de grandes divergences avec le texte des imprimés, à en juger par la prodigieuse différence qu'il indique[1] pour l'ordre des matières. C'est ce dont on pourra s'assurer par le petit tableau ci-joint du numéro des chapitres dans le manuscrit de La Thaumassière comparé à l'édition de Ducange.

La Thaum.,	I, 3	107	117	118	119
Ducange,	48	I, 25	I, 48	I, 49	I, 49
La Thaum.,	120	121	126	134	II, 15
Ducange,	I, 51	I, 52, 59	I, ...	I, 73	29
La Thaum.,	II, 29	II, 84			
Ducange,	I, 83	I, 65			

D'un autre côté, Chopin donne plusieurs extraits d'un vieux coutumier manuscrit, qu'il distingue expressément des Établissemens, et qui portait ce titre : « Ci commen- « cent li Estatu dou Royaume de France et de la Cité de « Paris. »

Tous les passages de ces Statuts cités par Chopin se trouvent aussi dans les Établissemens, quoique souvent avec des variantes plus ou moins notables, et presque toujours sous des rubriques toutes différentes.

---

[1] Notes sur les Coutumes de Beauvoisis et les Assises de Jérusalem.

Mais il est difficile de croire que de simples variantes
eussent déterminé Chopin à considérer les Estatu et les
Établissemens comme deux ouvrages différens, et à in-
sister, comme il le fait à plusieurs reprises, sur cette différence [1]. Il serait d'autant plus désirable que ce manuscrit pût être retrouvé.

Un autre coutumier qui se rattache aussi aux Établissemens, quoique d'une manière plus indirecte, c'est le
Livre de Justice et de Plet. Ce manuscrit remarquable de
la bibliothèque royale (Lancelot, 70) mérite d'être exa-
miné avec quelque détail.

Le titre de l'ouvrage ne se trouve que dans la table
des matières, qui est à la fin du volume (fol. 199 verso,
col. 1). « Ci commance li livres de jostice et de plet.» Il
se compose de vingt livres, qui ne sont pas tous nette-
ment séparés dans le corps de l'ouvrage, quoique les
numéros des livres se trouvent partout au haut des pages.
A la fin de la table (fol. 201 verso, col. 1 et 2), après les
titres du livre vingtième et dernier, on lit : « Ci commen-
« cent les titres de la prime partie des costumes de france.

« Des procès le rois et de ses establissemens de son
« réaume.

« De l'office au baillif et de la forme de leur sermans.

« De l'office au prevost et de contraindre tesmoins à
« porter tesmoignage pardevant els.

« De deffandre batailles et d'amener leiaux proves.

« De dénoncier la paine aus plaintifs et de dire contre
« tesmoins.

---

1 Chopin, sur Anjou, l. I, art. 14, 20, 24. 37, 40.

« Des quas de haute jostice de Baronie.

« Comment l'en apele home de servage en cort laie.

« D'apeler son signor de defaut de droit.

« De fausser jugement en cort de roi.

« Du punir faus tesmaoinz.

« De la forme des batailles hors du demaine le roi.

« Comment l'en doit home apeler de larrecin.

« Explicit. »

Le texte qui correspond à ces rubriques est placé, dans le corps du manuscrit, non à la fin, mais en tête de l'ouvrage (fol. 1 recto, col. 1, à fol. 4 recto, col. 2). D'ailleurs le texte des titres premier et dernier manque ; le second, sur l'office du bailli, se compose d'une ordonnance de 1254 : tous les autres sont pris, avec quelques changemens, du premier livre des Établissemens (ch. 1 à 7). A ces extraits et à quelques autres répandus dans le reste de l'ouvrage, se bornent les rapports que le Livre de Justice et de Plet a avec les Établissemens. Il est temps de l'examiner en lui-même.

Comme tous les autres coutumiers, il se compose de deux élémens principaux, l'un romain, l'autre français.

De même que les Institutes ont servi de base au Livre la Reine, et le Code au Conseil de Pierre de Fontaines, c'est ici le Digeste qui a déterminé l'ordre et la succession des matières. Voici le rapport des vingt livres de ce manuscrit aux cinquante livres du Digeste :

I. — 1.
II. — 2.
III. — 3, 4.
IV. — 5, 6, 7, 8.

V. — 9, 10.
VI. — 11, 12, 13.
VII. — 14, 15, 16, 17.
VIII. — 18, 19.
IX. — 20, 21, 22.
X. — 24.
XI. — 25.
XII. — 28, 30, 31, 32, 29.
XIII. — 39.
XIV. — 40.
XV. — 41.
XVI. — 42, 43.
XVII. — 44.
XVIII. — 45, 46, 47.
XIX. — ....
XX. — 48.

La preuve de cette disposition des matières résulte de la comparaison que j'ai faite, titre par titre, du Livre de Justice et de Plet avec les Pandectes; elle résulte, avec non moins d'évidence, des deux circonstances suivantes :

1.° Au commencement du douzième livre du manuscrit on lit ces mots : « Ci commence li livres d'enforcade » (*Digestum infortiatum*); au commencement des quatorzième, quinzième, seizième, dix-septième et dix-huitième livres on lit : « Ci commence li livres de digeste nove » (*Digestum novum*) : ce qui se rapporte à la division du Corps de Droit usitée au moyen âge.

2.° En plusieurs endroits, là où commence un nouveau livre du Digeste, quoique, dans le manuscrit, ce soit le même livre qui continue, par exemple aux quinzième, dix-neuvième, trentième, quarante-troisième, quarante-sixième et quarante-septième livres du Digeste, le manuscrit porte : « Ci commence li livres de..... »

Ainsi la forme de l'ouvrage est empruntée presque tout entière à l'élément romain, et spécialement au Digeste. On voit toutefois qu'il y a des livres d'omis et qu'il y en a d'ajoutés, et la même remarque s'applique aussi aux divers titres de chaque livre.

Je passe aux matières exposées sous chaque titre.

Si elles se réduisent souvent à une traduction pure et simple des fragmens des Pandectes, ailleurs l'auteur anonyme de ce coutumier a pris une allure plus libre, et substitué aux titres du Digeste des sortes de paratitles, pour me servir de ce terme de Cujas. Leur composition présente, au reste, de grandes diversités.

Plusieurs de ces paratitles, sans être des traductions des textes du Droit romain, ont été néanmoins tirés directement ou indirectement à la même source. Ici se rapportent le passage emprunté au Livre de la reine Blanche et du roi Philippe, cité dans la notice précédente, et plusieurs autres.

Le dixième livre, correspondant au vingt-quatrième du Digeste, et traitant des *espousailles* et du mariage, est pris tout entier dans le Corps de Droit canon, excepté le dernier chapitre, qui traite du bail des enfans mineurs.

Enfin j'arrive à la partie la plus intéressante de l'ouvrage, aux matériaux que l'auteur a puisés dans la coutume ou dans l'opinion des légistes de son temps. Lorsqu'il parle en son propre nom, ou il expose l'ensemble des principes coutumiers relatifs à une matière, ou bien il se borne à faire des annotations et une sorte de glose ou de paraphrase sur un texte qu'il ne transcrit point, mais qu'il est d'ordinaire facile de suppléer. Souvent aussi il cite les opinions de divers docteurs, qui nous seraient restés totalement inconnus sans lui.

C'est ainsi qu'il allègue fréquemment l'opinion ou rapporte textuellement les paroles de Geufroi de la Chapelle ou de Johan de Beaumont ; il cite plus rarement Renaut de Tricort et une seule fois Johan li Monoiers. Quels sont ces légistes ? Je l'ignore. Il y a aussi des extraits étendus d'un jurisconsulte appelé Adam tout court. Serait-ce Adam de Lintéia, qui, selon Duboulay [1], fut un jurisconsulte distingué à la fin du 12.e siècle et au commencement du 13.e ? Enfin, il y a des extraits du « Consoill « Guillaume de la Cité d'Orliens evesque. » C'est Guillaume de Bussi, sacré évêque en 1238, mort en 1258 [2]. Les extraits de son Conseil traitent des testamens et des héritages.

Toutes les fois qu'il est question dans ce livre de coutumes locales, ce sont celles d'Orléans dont l'auteur rappelle les dispositions. Mais il faudrait faire un volume pour indiquer tous les passages de ce coutumier qui intéressent l'histoire du Droit civil [3] et criminel. Je me borne donc ici à ce qui concerne l'organisation politique.

---

1 *Bulæi Hist. univ. paris.*, t. II, p. 716.

2 *Gallia christiana*, t. VII, col. 1465.

3 J'ai donné dans mon Étude historique sur la saisine plusieurs extraits du Livre de Justice et de Plet, concernant le Droit civil.

Le premier livre surtout est important sous ce rapport :
on y trouve beaucoup de détails sur les établissemens que
pouvaient faire soit le roi, soit les divers corps et com-
munautés; sur les impétrations de lettres royaux; sur les
élections, postulations et translations des maires (car l'auteur a emprunté ces trois différentes rubriques au Corps
du Droit canon), et sur les droits du roi dans les villes
du domaine de la couronne. Enfin je vais transcrire une
demi-page du manuscrit (fol. 22 recto), où est expliquée
toute la hiérarchie féodale.

« De l'ofice au Conte.

« L'ofice de conte est de conseller le roi au bone foi,
« et de lui aider ses guerres maintenir. Contes a en ses
« terres en la conté sa jostice, sau le roi, qui est par-
« dessus ; et li rois ne li doit pas sorbir sa jostice, tant
« comme il fait droit. Li rois puet ce amender. Conte
« puet son serf franchir, et fere grace à larren et à mur-
« trier, sauf le grié as amis au mort. Et se aucuns contes
« (*add.* meurt), son filz li annez tient de la conté.

  « Contes a en sa terre toutes seignories, sauf la dignité
« le roi, et sau ce que autres l'a (*l.* i a ?) par droite cause.

« De l'ofice au Duc.

  « Dus a en sa terre totes seignories et totes joutices,
« sauf le roi, qui est li pardessus, à amender le tortfet
« qu'il a fet, et sauf ce que li rois a en la duchée, et
« autres par jutes causes; et puet fere grace à ses sougiz,
« et cele grace qu'il veant de sa débonaireté, et puet
« home sauver de mort : mes qu'il ne face tort à autrui.

« Aucomme nos disons des hommes, l'entendons-nos des
« femmes.

« Duc doit conseillier le roi, et li doit aider ses anemis
« à mater segont ce que reisons le requiert.

« *De l'ofice au viconte.*

« Duc est la première dignité, et puis contes, et puis
« vicontes, et puis baron, et puis chastelain, et puis va-
« vasor, et puis citaen, et puis vilain.

« Viconte si est de la digneté au conte, fors en dignité
« de personne. Et baron est de la dignité au viconte, fors
« en personne.

« *De l'ofice de roi.*

« Li rois ne doit tenir de nuil. Duc, conte, viconte,
« baron, puent tenir li un des autres, et devenir home,
« sauf la dignité le roi, contre qui homage ne vaut riens.
« Chastelain, vavasor, citaen, vilain, sont souzmis à cels
« que nos avons devant nomez. Et tuit sont soz la main
« au roi. »

Il ne reste plus qu'a déterminer l'époque à laquelle
appartient ce Livre de Justice et de Plet. Sur la couver-
ture du manuscrit, une main beaucoup plus récente que
le manuscrit lui-même a tracé ces mots : « Tu fus à moy
« en décembre l'an mil . ccc . lxxix. » Le manuscrit, qui
est nécessairement antérieur à cette date, n'est évidem-
ment lui-même qu'une copie d'un original plus ancien.
Si l'on considère, d'un autre côté, la date de l'ordonnance relative aux baillis (1254), la mention d'un jugement rendu, en 1255, au profit du comte Jean de Blois,

qui attaquait le testament de sa cousine, la comtesse de Chartres ; l'époque à laquelle l'évêque Guillaume a dû composer son Conseil (avant 1258), et les passages tirés des Établissemens de Saint-Louis (1270), on est disposé à croire que le Livre de Justice et de Plet a été compilé vers la fin du 13.ᵉ ou le commencement du 14.ᵉ siècle.

III.

Notice sur un ancien Coutumier de Picardie.

Le manuscrit 9822,³ de la bibliothèque royale contient les Établissemens de Saint-Louis, plus le Coutumier d'Artois, dont il a été question dans la première de ces notices, et enfin une sorte d'ancien Coutumier de Picardie.

Voici le début de ce dernier Coutumier :

« Coustumes notoirement approuvées en le court de « Ponticu, de Vimeu, de baillie d'Amiens et en pluseurs « autres lieus.

« En l'an de grâce mil .ccc. et v., mois de février, fu « rendu par jugement en le court de Boubere par .xxxvj. « hommes liges, liquel s'estoient conseillé par grand « délibération en le assise d'Abbeville, d'Amiens, et « ailleurs, et par pluseurs personnes qui l'avoient veu « jugier en l'assize d'Abbeville : que, etc. »

Plus bas viennent successivement :

« Jugement rendu par droit à Abbeville.

« Coutumes jugiés à Rue du tamps Wandicourt baillu.

« Assise tenue à Abbeville par Monsigneur Jehan
« l'Enfant, en l'an .xj., lundi après le S. Martin de yver,
« présens pers et hommes.

« Ordenanches faites en l'Assize d'Abbeville, en l'an xv.,
« par les pers et hommes de le court de Pontieu, par
« Jehan l'Enfant tenue.

« Assize tenue à Abbeville par Monsigneurs Willamme
« de Hairouval, senescal de Pontieu, le lundi après le
« Candelier, l'an xvj.

« Assize tenue à Abbeville par Monsigneur Willamme
« de Hairouval, senescal de Pontieu, lundi après S. Pierre
« et S. Paul en Jule, l'an xvij, présens pers et hommes.

« Jugemens fais à Gamachez par Willame le Joule,
« adont baillu du lieu, en l'an mil . ccc.xij., samedi veille
« de penthecouste, présens hommes liges de le casteleric
« Monsigneur de Drèves.

« Jugemens fais en le court de Drucat, en l'an mil .
« ccc . xix., u mois de décembre le jor S. Fuscien, S. Vic-
« torisse et S. Gencien.

« Assize tenue par Monsigneur Jehan de Castre,
« chevalier, senescal de Pontieu, en l'an xx.

« Assize tenue par Monsig. Jehan de Castre, senescal
« de Pontieu, l'an xxij. Et n'i eut nul arrest en l'an xxj.

« Assise tenue par Monsign. Jeh. de Castre senescal
« de Pontieu, en l'an xxiij.. lundi après le trinté. »

Si, d'après ces rubriques, on pensait que ce Coutumier n'est qu'un simple registre judiciaire, ce serait une
erreur. Ces jugemens, ces assises, ces ordonnances,
étaient pour l'auteur l'occasion de rédiger les coutumes
de son pays; mais voilà tout. Aussi chacune des rubriques

que je viens de transcrire sur le manuscrit, comprend-
elle un ou plusieurs titres, comme par exemple : *de cas*
de criesme ; d'enfans demourans sans père ; d'apel de
grief entre signeur et hommes, etc.

Sous ce dernier titre on lit cette décision, qui était
au reste généralement admise dans la France féodale,
qu'entre le seigneur et son homme il n'y avait point
d'appel de grief, si ce n'est de défaute de droit ou de
faux jugement. On pouvait appeler, sans doute, mais
à une condition : c'était de faire de l'appel une accusation criminelle contre le juge. Et, en effet, au moyen
âge, appel signifiait accusation ; appeler était synonyme
d'accuser. Si l'accusation était fausse, c'était félonie, et
le vassal en perdait son fief ; si l'accusation était juste,
c'était, de la part du seigneur, un manquement à la foi
réciproque qui constituait le lien féodal, et il en perdait
son homme : celui-ci, désormais, devait tenir sans moyen
du seigneur supérieur.

Après les divers titres composés à l'occasion des assises
tenues dans les diverses cours du comté de Ponthieu,
l'auteur en ajoute d'autres, qui servent de complément
à son ouvrage et sont rangés sous cette rubrique géné-
rale : « Chi après ensièvent notaule sur les coustumez de
« Pontieu, de Vimeu, des castelleries de le baillie d'Amiens
« et de aultres lieux, de quoi on use communement. »

Enfin, sous cette rubrique : « Che sont les coustumez
« et li usage de le chité d'Amiens », se trouve une suite
d'articles sur la juridiction du maire et des échevins de
cette ville, et les limites de cette juridiction avec la justice temporelle de l'évêque ; sur l'élection du maire et

des échevins, et la nomination aux divers offices de la ville ; sur les majeurs des bannières des divers corps de métiers ; sur les coutumes locales d'Amiens relatives au douaire, aux successions, aux testamens, au retrait lignager, etc.

L'auteur de ce Coutumier de Picardie est inconnu : on voit qu'il appartient au premier quart du 14.e siècle.

FIN